Anouk

La véritable histoire de Saint Nicolas

Texte de Josette Gontier
Illustrations de Anne Hofer

Nathan

Édition Nathan (Paris-France), 1992

N° d'éditeur : 10162052
Dépôt légal : août 2009
Loi du 16 juillet 1949 sur les publications destinées à la jeunesse.
Impression et reliure :
Pollina s.a., 85400 Luçon - n° 50968
Imprimé en France

Il était trois petits enfants qui, de l'aube jusqu'au soleil couchant, aidaient leurs parents aux travaux des champs.

Par les chemins noyés de brume, ils conduisaient le troupeau au pâturage puis s'en allaient cueillir les fruits mûrs, sarcler le potager et surveiller les oies.

Quand venait le soir, ils rentraient au logis, un fagot de bois mort sur l'épaule et les poches pleines de mûres sucrées à souhait, de myrtilles ou de mirabelles. Ils donnaient du fourrage aux bêtes restées à l'étable puis couraient au poulailler et rapportaient les œufs dans un panier d'osier.

Au cœur de l'été, ils cueillaient en bordure des champs des brassées de coquelicots et de bleuets pour leur maman. Une besace de grosse toile à l'épaule, ils glanaient les épis de blé doré que les moissonneurs avaient oubliés. Puis ils apportaient leur récolte au moulin, près de la rivière. En échange, le meunier leur donnait de la farine bien blanche.

Et les trois petits enfants regagnaient leur maison.

Pour les récompenser, leur maman les régalait de crêpes et de beignets.

Et puis, ce soir-là...

Les trois enfants étaient tellement occupés à ramasser les épis éparpillés qu'ils ne virent pas le soleil décliner, puis disparaître à l'horizon. Ils glanaient toujours que, déjà, le crépuscule tombait.

Soudain, la plainte d'un hibou déchira le silence.

Alors, les enfants frissonnèrent d'effroi. De tous côtés, des ombres inquiétantes se mouvaient, tandis que l'obscurité se faisait de plus en plus dense. Des monstres allaient-ils les happer, les emporter... ?

« Ce n'est que le vent dans les arbres... » dit le plus grand, pour rassurer les deux autres.

Mais ils ne l'écoutèrent pas.

Maintenant, le ciel roulait de gros nuages noirs ; la pluie arriverait bientôt.

Alors, tous trois se mirent à courir, à courir...

Enfin, à bout de souffle, ils se laissèrent tomber sur une souche de bois mort. Et ils éclatèrent en sanglots.

Dans le noir, jamais ils ne parviendraient à retrouver leur chemin.

Le plus grand se hissa sur les branches d'un chêne.

« Regardez ! cria-t-il. J'aperçois de la lumière, au loin ! Vite ! Allons demander l'hospitalité aux gens qui habitent cette maison !

– Et demain matin, nous retournerons chez nos parents, dit le second.

– Nous sommes sauvés ! » s'exclama le dernier.

Le cœur empli d'espoir, les trois enfants s'élancèrent à travers champs.

Trébuchant sur les mottes de terre, mille fois ils faillirent tomber. Les ronces s'agrippaient à leurs habits, lacéraient leurs jambes, mais ils couraient à perdre haleine.

Maintenant, la nuit était d'encre. Hiboux et chouettes se répondaient à travers la forêt. Au loin, le tonnerre grondait.

Pour les trois enfants, seule comptait cette lumière qui vacillait au milieu de la nuit.

« Ouvrez-nous, s'il vous plaît ! crièrent-ils en tambourinant à la porte de la maison.

– Qui est là ? fit une voix rude, à l'intérieur.

– Trois petits enfants ! Nous sommes perdus ! De grâce, ouvrez-nous ! »

La porte grinça sur ses gonds et un homme, un grand couteau à la main, parut sur le seuil.

Les trois enfants eurent un mouvement de recul.

Mais dans l'âtre crépitait un bon feu. Et du chaudron montait une odeur de soupe fumante.

« Qu'est-ce qui vous amène dans ce coin perdu ? demanda l'inconnu, les sourcils froncés. Savez-vous où vous êtes ? Chez le boucher : je vais de ferme en ferme pour tuer le cochon, quand vient la saison. »

Le plus grand raconta leur mésaventure, et le boucher les invita à entrer.

« J'allais justement dîner ! Vous partagerez ma soupe au lard et ma miche de pain ! Venez donc vous réchauffer devant la cheminée ! Et quand vous aurez mangé, vous irez vous reposer ; une nuit de sommeil vous fera oublier tous vos malheurs ! »

Et la porte se referma sur les trois enfants, soulagés et contents.

Mais le boucher poussa le verrou, fit tourner la clé dans la serrure...

Ils étaient prisonniers !

« Voilà qui garnira mon saloir ! s'exclama le boucher avec un sourire mauvais. Il était presque vide ! »

A la lueur de la lampe, la lame de son couteau étincela...

Les trois enfants étaient glacés de stupeur. Et leur effroi grandit quand ils virent le boucher se ruer vers eux.

Ils eurent beau crier, supplier, implorer sa grâce, rien n'y fit.

Ils tentèrent de lui échapper, se cachèrent sous un coffre, sous la longue table de bois luisant, mais en vain.

Le bourreau ne se laissa pas attendrir.

Et la lame d'acier s'abattit sur les malheureux.

Son forfait accompli, le boucher les découpa en morceaux qu'il rangea dans son saloir. Il les mangerait trente-sept jours plus tard, comme c'était l'usage dans la contrée. Ou plus tard, encore. Enfin, il verrait...

Et, satisfait, il alla se coucher.

Dehors, même les hiboux s'étaient tus. Le tonnerre ne grondait plus. Un silence de mort régnait sur la campagne.

Mais le boucher ne s'en souciait pas.

« Où sont nos pauvres petits ? » se lamentaient les parents des trois enfants, ne les voyant pas revenir.

Le père partit à leur recherche dans la nuit. La mère aussi. Puis les voisins, les amis. Ils appelèrent, ratissèrent les bois, fouillèrent taillis et fourrés, inspectèrent champs et fossés, mais sans succès.

Au bout de quelques jours, ils perdirent tout espoir de les retrouver.

« Et si quelque loup affamé les avait dévorés ? Et s'ils avaient marché jusqu'à une lointaine contrée et s'étaient égarés ? S'ils étaient morts de faim ou de froid ? Mes pauvres petits ! » se lamentait la maman des trois enfants.

Leur père ne savait comment la consoler.

En effet, l'hiver arrivait, et il n'était pas rare que des hordes de loups hantent les champs et les bois des alentours, à la recherche d'une proie.

Passa l'hiver… Passèrent les saisons, puis les années…

A la veillée, on parlait souvent des trois enfants disparus. Puis de moins en moins souvent. Et enfin, plus du tout.

Quand revenait la saison des moissons, leurs parents s'en allaient glaner aux champs.

Ils gardaient en leur cœur les rires et les chants de leurs enfants.

Sept années s'étaient écoulées, depuis que le boucher avait accompli son terrible forfait.

Et puis, ce soir-là...

Au retour d'un pèlerinage en un lointain pays, saint Nicolas vint à passer. Harassé de fatigue, il cherchait un logis pour la nuit quand il aperçut une lumière, à l'orée du bois. Dans cette maison isolée, on lui accorderait sans doute l'hospitalité !

Quelques instants plus tard, il frappait à la porte du boucher.

« Mon ami, serait-ce abuser de votre bon cœur que de demander à passer la nuit sous votre toit ? dit saint Nicolas.

– Entrez ! Entrez, Grand saint Nicolas ! Ma maison vous est ouverte ! Vous me faites honneur ! Vous devez avoir froid : venez vite vous réchauffer devant la cheminée. Vous devez avoir faim, aussi. Je vais vous servir à manger. »

Saint Nicolas ne se fit pas prier et entra dans la maison du boucher. Une fois réchauffé, il s'installa à la table de son hôte.

« Grand saint Nicolas, vous mangerez bien une tranche de jambon !

– Boucher, je ne veux pas de ton jambon. Il n'est pas bon !

– Grand saint Nicolas, vous mangerez bien un morceau de veau !

– Boucher, je ne veux pas de ton veau ! Il n'est pas beau !

– Grand saint Nicolas, vous mangerez bien une tranche de rôti !

– Boucher, je ne veux pas de ton rôti ! Il n'est pas cuit !

– Mais alors, Grand saint Nicolas, que voulez-vous ?

– Je veux du petit salé ! Celui que, depuis sept années, tu gardes dans ton saloir ! »

En entendant ces mots, le boucher sentit le sol se dérober sous ses pieds. Incapable de faire le moindre geste, il restait là, figé, au beau milieu de la salle.

Il était découvert !

Puis il se ressaisit.

Déjà il bondissait vers la porte pour prendre la fuite quand saint Nicolas le rappela.

« Reste là, boucher ! ordonna-t-il avec autorité.

– Mais... je... je ne voulais pas... Je vous assure, Grand saint Nicolas ! balbutia le boucher en tremblant.

– Cesse tes simagrées ! Je sais de quel crime odieux tu t'es rendu coupable. Approche, et mets-toi à genoux. Il est temps pour toi de demander pardon à Dieu !

– Me pardonnera-t-il ? » s'inquiéta le boucher.

Mais saint Nicolas ne lui répondit pas.

Sans un regard pour le boucher qui s'était prosterné devant lui, saint Nicolas s'approcha du saloir. L'air grave, d'un geste lent, il posa trois doigts sur le couvercle de chêne poli par les ans.

« Petits enfants qui dormez là, réveillez-vous ! commanda-t-il. Je suis le Grand saint Nicolas ! Levez-vous, et allons vite retrouver vos parents ! »

Le couvercle de chêne se leva sur les trois petits enfants tout ensommeillés. Ils s'étirèrent, se frottèrent les yeux, puis se levèrent et quittèrent le coffre.

« Si vous saviez comme j'ai bien dormi ! dit le premier.

– Moi aussi ! Je ne me suis jamais senti aussi reposé ! dit le second.

– Moi, j'ai fait un rêve... J'ai rêvé que je me trouvais au Paradis ! » dit le dernier.

Saint Nicolas accompagna les trois enfants chez leurs parents.

En arrivant à leur maison, ils s'approchèrent de la fenêtre.

Assis devant le large foyer de la cheminée où brûlaient des troncs d'arbres, leur père façonnait une paire de petits sabots. A ses côtés, leur mère plumait une oie. Les flammes éclairaient leurs visages tristes et dansaient sur les solives du plafond.

Poussant vivement la porte, les trois enfants se jetèrent dans les bras de leurs parents.

« Nos petits ! Nos chers petits nous sont revenus ! s'exclama leur maman, le visage baigné de larmes de joie. Merci de nous les avoir ramenés, Grand saint Nicolas !

– Merci, Grand saint Nicolas ! renchérit leur papa en serrant à son tour ses enfants sur son cœur. Je ne sais comment vous exprimer ma reconnaissance ! Voulez-vous accepter ce petit âne gris ? Il sera pour vous un bon compagnon de route et portera vos fardeaux. »

Saint Nicolas s'en retourna chez le boucher.

« Pour racheter ta faute, tu seras désormais condamné à me suivre ! Chaque année, dans la nuit du 5 au 6 décembre, tu viendras avec moi chez les enfants de nos régions. Tu seras tout de noir vêtu, et à la main, tu tiendras des baguettes d'osier ou de genêt.

– Des baguettes d'osier ?

– Oui... Pour fouetter les enfants qui n'auront pas été sages, obéissants, et travailleurs ! Ils te craindront : ils t'appelleront le Père Fouettard ! »

Depuis, cette nuit-là, les enfants des contrées du nord ont du mal à trouver le sommeil. Blottis dans leur lit bien chaud, ils regardent tomber la neige à travers le carreau.

Saint Nicolas et son âne chargé de présents, de bonbons et de pains d'épice arriveront bientôt. Derrière eux, le cruel Père Fouettard...

Gare à ceux qui n'auront pas été sages !

Si tu entends tinter la clochette de son petit âne gris, cours vite jusqu'à la cheminée ! Et si tu n'as pas de cheminée, jusqu'au rebord de la fenêtre !

Es-tu sûr de ne pas avoir oublié le petit âne gris ? Un peu de foin, ou quelques carottes lui feront grand plaisir. La nuit sera longue, pour lui !